Ludwig Weibel
Himmlisches Begreifen
Sinnsprüche

Books on Demand

FSC
www.fsc.org
MIX
Papier aus ver-
antwortungsvollen
Quellen
Paper from
responsible sources
FSC® C105338

Bibliographische Information der Deutschen National-
bibliothek. Die Deutsche Nationalbibliothek verzeichnet
diese Publikation in der deutschen Nationalbibliographie,
detaillierte bibliographische Daten sind im Internet über
http://dnb.dnb.de abrufbar.

© 2018 Autor: Ludwig Weibel
Herstellung und Verlag:
BoD – Books on Demand, Norderstedt
ISBN 9783752889116

Ludwig Weibel

Himmlisches Begreifen

Inhalt

1

Spiegelfindigkeiten

Nach
Befreiung
schreit die Seele

aus dem
selbst gefassten
Wahn

der
tausend
Spiegelfindigkeiten

Sanfte
sprechen dich
die Himmelsstimmen an

Versöhnung
flüsternd
und

herzinniges
Vergeben

Aus der Stille
bricht das Licht in
deiner Seele Zagen

Im Vertrauen
wende dich dem Himmel
reiner Güte zu

den
Frieden
zu erlagen

Aus allen Talen
trägt uns
unsrer Herzen Müh

Aus Trauer wird Freude
im Lächeln
der Verklärung

Sei tapfer
im Licht der Wahrheit
das dir offen

Deiner Tage Sinn ist
Seligkeit
zu schauen

Wunderbar
sind die Gedanken
an den Himmel

Wenn wir wissen
dass wir mitten
in ihm stehn

Willst du fragen
nach der Heimat deiner
Unergründlichkeiten, Seele

Sieh, Ich Bin bei dir
und tröste dich
in deiner Bangnis

Leuchtend wie die Sonne
geh ich vor dir auf, dass du
geborgen bist in Meinen Strahlen

Öffne deine Seele
dem Lichte des Himmels
in dem du stehst

Ich umfange dich
mit den Schwingen
göttlichen Erbarmens

Zage nicht:
ein neues Morgenrot
wird über dir erscheinen

Fortgesetztes Gutsein
führt uns
unsern Weg hinan

Die Sterne laufen
ewig
ihre Bahn

mit uns in
Gottes
unabänderlichem Frieden

Geduld im Herzensschlag
der Wehmut mit dem Tag
zu teilen ist dein Los

Dann wieder scheint das
Leben wie verzaubert
im Reigen schöner Künste

die wir
vor dem Götteraugenblick
vollbringen

Gärten im Morgentau
der Seele
zu gefallen

Süsse Liebesfrüchte
für
Verwunschene

im
leisen
Aneinanderschmiegen

Klein
im
grossen Getriebe

Gross in
unsrer
Selbstheit

Frei
in
unserem Dienen

Nacht und Stille
ein
erhobnes Herz

und
deiner
zu gedenken

eine
Krume
Ewigkeit

Ein Tag im
Rhythmus der Gezeiten
o wie köstlich

wenn die Seele
in sich selber
sich versteht

der Welt
in ihrem Seligsein
zu dienen

Der Lebenssanftmut offen
gleiten wir
in Seligkeit dahin

Die Herzensfreude
stärkt uns im
Vollbringen unsrer Taten

und geleitet uns
zum Sieg des
hundertfältigen Begreifens

Es ist so wunderbar zu sehen,
dass du etwas akzeptieren kannst,
ich danke dir

Mit Sorge und Zartheit
umweb ich
deines Wesens Lauf

und möchte dich in
Freiheit von dir selbst
voll Freude wissen

Die Tage kommen
und vergehn wie Träume
Schäume

Die Sehnsucht
nach unendlichem Behagen
bleibt

bis sie
erfüllt ist
sondergleichen

Feinen guten Tag
von Herzen wünsch ich
deinem Seelensein

Eine Welle
Wohlgefühls
durchströme dich

im Lichthauch
des
Berührens

Das Persönliche drängt sich
vor das Un-Persönliche
und verursacht Leiden

Unsre Freude liegt
in
Selbst-Vergessenheit

und
liebevollem
Sich-Vertragen

Innig öffnet sich
das Herz den Wundern
der Natur

Die wahr geword`nen Träume
sind`s die uns
zumeist beglücken

Lebensfreude zeugend
und Verbundenheit
in Seelentiefen

Nun sag ich dir
das Fest der Freude an
in deinen Nöten

Den Hauch
der Zärtlichkeit
vergeb ich dir

mit Wonne
dich
zu laben

Welches Wasser
reinigt
deinen Schmerz

Welche Salbe
kühlt die Wunde
deiner Herzlichkeit

an der du
leidest
her und hin

Führung zum Gedeihen
will der Flamme Glut
in dir

Im Wehn der Sterne
gleiten wir
bewusst dahin

wenn wir
vollendet sind
in unsern Zügen

Freundlichkeit
vor allem
ist vonnöten

Offenheit zur Welt
in
allen Lagen

unsrer
Lebens-
historie

Sovieles dämmert in der Seele
wenn wir
offnen Auges sind

Die Sehnsucht
schickt uns an die
Quellen des Empfindens

Die Liebe
trägt uns endlich
himmelan

Treuherzig
und beglückt
schaust du mich an

wenn deine Welt
in Harmonie
erblüht

und dich die
Brünnlein der Holdseligkeit
berauschen

Licht und leise
übergehn die Engel
deine Fluren

Reich beschattet
bist du
von der Flügel Wehn

die sich
über deine Schritte
breiten

Was wir sind
zu teilen
tut uns wohl

Das Lächeln
deines Gesichtchens
ist so schön

wie des vollen
Möndleins
nachtverhülltes Schweigen

Ein Ängelchen
mit Sammetflügelchen
im Sommerwindchen

In Haus
und Garten
ein Fee

für`s Hungermündchen
und die
Sonnenblumen

Am Tag der grossen Weihe
halt ich dich in
Bruderschaft umfangen

verstrahlend
meines Glücks Befinden
hin zu dir

Holdseligkeit
zu
feiern

Die Freundlichkeit des Himmels
fliesst befeuernd
in dein Seelensein

Der Tag
eröffnet sich der
Freundlichkeit der Augen

im Vermählen
deiner
Bildlichkeiten

Weises Trachten nach Erkennen
prägt uns
wo wir bittend stehn

Guten Willen zu verbreiten
sind wir
uns gegeben

Heimat finden wir
allein in unsres Herzens
Liebeston

Ruhn und Wallen
stehn und gehn
im Lebensspielen

Freigesetzte Künste
Zärtlichkeiten
liebeleichtes Liegen

eine Note
in der Sinfonie von
Gottes Tönen

Blumen reiner Stille
trag ich vor dich her
ins Taggeschehn

Seelenvolles Licht der Freundlichkeit
behütet dich
im Schreiten

auf ein
gross gefasstes
Ziel

Ebenmass und Kraft
sind jeder Seele
Jugendströme

Erlangen
wirst du sie in
deinem Werden

und voll Freude
durch das
Da-Sein-Schreiten

Wir weisen uns den Weg
geschwisterlich
im Miteinander-Gehn

Jede zarte Geste
soll von
Liebe zeugen

in
der Welt
der Menschenfreundlichkeit

Sein im Sinnen
vor den Rosenflügeln
eines neuen Morgens

Liebevoll
umranken die Gedanken
was du bist

im
menschenwallenden
Gewoge

Das Märchen von der Liebe
wohnt in jedes Menschenherzens Zelle
schön und wahr

Es veredelt was wir sind
in
wunderbaren Zügen

und
beglückt des Lebens Wandel
wie im Paradies

Des Abends letzter Gruss
verspricht uns einen
segensvollen Morgen

Wir trinken Sonne
wie Verdurstende
in reinem Wohlbehagen

und bereiten uns
ein Fest aus Heiterkeit
und wonnevollem Schweigen

Die grossen Taten
bringen sich zur Wirklichkeit
im Tun

Ein liebend Herz bewegt
die Welt im Innersten
zu Tränen

Geduld und guter Wille
tragen uns
zum Ziel

Makellose Bläue
birgt den
blendend weissen Schnee

Das Lied der Berge
klingt
von Tal zu Tal

im
seelenvollen
Schöpfungsgarten

Schön geformte Hügel
kränzen
das Erinnern

Eine Zeit der Musse
wirkt
im Sinnen nach

das
Gegenwärtige
zu beleben

Zum guten Tag
ein gutes Wort
ins Herz gesprochen

ist
wie der Zauber
einer Melodie

von
himmlischen
Gesängen

2

Tage grosser Sanftmut

Tage grosser Sanftmut
leiten uns
zum Frieden

Schönheit blüht
aus dem was Liebe
uns verleiht

in
wundervollen
Räumen

Die Liebe lernen
sollen wir im
täglichen Begegnen

Wie schön
die Dinge sind
in ihrem Glänzen

durch
die Stunden
hell und klar

Trag ich dein Trachten
in dem meinen
send ich dir Wohl

Der Friede dauert
wenn die Wimpel
in der Liebe wehn

Das Köstliche ergibt sich
aus dem Klang
der Herzensmelodie

Wir sperren uns
zu sein
mit hundert Ränken

und sind doch
auf dem Weg
zu Ihm

in
grandiosem
Schreiten

In schöner Eintracht
geleitet die Vollkommenheit
mit uns dahin

Im göttlichen Vereinen
zeigte sich uns
der Liebe Sinn

dem sich die Freude
zugesellt im
seligen Vereinen

Dem Herzen sing ich
eine
kleine Melodie

vom auferstandnen Tage
dir zum
Gruss und dir

zur Freudenquelle
leise, leis
gesungen

Die Himmel erzählen
vom Glück das uns leitet
zur Tat

Deine Zierde sei
dein Herz voll Liebe
und Vertrauen

Im schönen Augenblick
erfüllt sich
was die Seele sich ersehnt

Ein Lächeln
für dein Seelensein
im Tagesscheinen

Eine Zartheit
für dein Haupt
im Lied gesungen

das ich
freudig
vor dich leg

Sagst du ja
zu dem was dir das Leben
bietet

Sind deine Träume
Träume
des Allhöchsten

Darf ich dich in
Seinsgeschwisterschaft
umfangen

wir sind Teile
eines Ganzen
du und wir

Alle Wesen
sind in eins
verschlungen

in der
Weltenliebe
Strömen

Im Sinn
der Sonnentage
strahlen wir uns an

Der Gerechten Liebe
ist wie Tau
in Morgenkelchen

wie der Duft
zitronengelber
Rosen

Ich singe dem
Hiersein
Freude entgegen

Im Zeichen
der Liebe
heilt sich die Welt

verheilend
die Wunden
der Zeit

Eine Lebensepisode mehr
im
staunenden Gemüt

Erzwungnes
Wachsein
in der Prozedur

des
bockigen
Verhaltens

Heil der Weltenwanderin
auf ihren
Siegeszügen

Wohlgeborgenheit
im Nest der schön
gesetzten Tage

in
des Lebens
Harmonie

Sei in dem
geborgen was
ich dir vergeb

Die Rosenblätter
blühn zu
deinen Gunsten

und die Leier klingt
wie fernes Läuten
deinem Liebessehnen

Was ich dir verheisse
ist so gross wie
keine Weltengrösse

Sei in Schlichtheit
was du bist
in Mir

der
Fröhlichkeit
anheimgegeben

In Dankbarkeit und Liebe
sind wir
geistige Geschwister

Voll Ehrfurcht
schenken wir uns
des Begegnens

wundervolle
Früchte

Die Liebessonne
scheint
im Freudentag

Die Seele
labt sich
an der Lichtflut

und erfährt sich
in der Weise
des Entzückens

Lohn der Mühsal
in den Himmeln
des Bewusstseins

Gedankenstärke
hebt dich in die Sphären
deines Seins

wo Freude
Heiterkeit und Helle
sich verbreiten

Die Sonne schauen und
die Liebe des Allhöchsten
spüren in den Strahlen

Vollkommne Reinheit
in der Wesensruh
erleben

mit der
Freude Zeichen
auf den Wimpeln

Wie lieblich ist die Welt
im Tag
der Herzensschöne

wie traulich
wenn die Sinne
sich verstehn

im
aufgefächerten
Genügen

Vom Geist beflügelt
wirst du
Treffliches vollbringen

An das Sein gelehnt
erfährst du
Glück und Harmonie

im
brüderlichen
Übertragen

Das Leben zahlt uns heim
was wir an ihm
verbrechen

Die Liebe hüllt uns alle
ins
erschütternde Erbarmen

Denn Gerechten
strahlt die Freude
in des Herzens Wohl

Wie lieblich sind die Zeiten
des Versöhnens
herzweit

wie geruhsam
das Gesetz
der Zärtlichkeit

im
auferstandenen
Erleben

Liebewärme
strahlt dir
in Geschwisterschaft entgegen

Das Unendliche
umhüllt dich mit
des Lichtes Strahlen

Sei gesegnet
für den
Freudentag

Rein bist du
im Entfalten deiner Kräfte
wenn du Mich erstrebst

Prüfe jede deiner Taten
bevor du sie vollbringst
im Aufwall der Gefühes

und giesse
Liebe in die Welt
aus übervollem Herzen

Alle Dinge
wollen sich vereinen
auf der Einheit Spur

Tag des
sonnenlichten Strahlens
in der reingewaschnen Welt

im
Liebedurst
des Sehnens

Bewegt dich
die Begeisterung
zu deinen Taten

Bist du wach
in deiner Tage
Tun

in deines Seins
holdseligem
Vergleiten

Menschen
reichen sich im Zug der Zeit
die Hände

Gaben
darzureichen
voll Gefühl

im Zauberreich
des Fühlens

Wie die Sonne
glänzen die Gerechten,
glänze du wie sie

In dein Bewusstsein
sollst du Liebelicht und
Freiheit tragen

Empfang mit mir
der Freude
Herzenslohn

Liebendes Gedenken
prägt was ich dir bin
an diesem Tag

Die Feine der Liebkosung
spannend ich dir
in langen Zügen

dein Herzblut
innig
zu erfreu`n

Deine Grüsse sind
die meinen, Glanz und
Fabelhaftigkeit zu sehn

Sieh wie die
Güte dich umspannt
von Gottes Gnaden

Tauch in die meine
im liebevollen
Dich-Verstehn

In der Bruderschaft
der Sterne halt ich
dich umfangen

Wohlgemutheit
und Gelassenheit
erfüllen uns

im Angesicht
lebendigen Seins
in allen Tiefen

Das Treffliche geschieht
wenn wir bedingungslos
im Leben stehn

Du bist geführt
von wundervollen
Wesen

zu
deines Heiles
Freudenquelle

Herzlichkeit
im
Weltverstehen

Seelenfreiheit
Wohl
um Wohl

in der Tage
leicht beschwingtem
Fliessen

Im Wunderland
der Gärten blüht
des Lebens Poesie

Der Friede
lässt die Augen
Strahlen

in der
sommerlichen
Ruh

Glück und Helle
strahlen dir ins Haus
an solchen Tagen

Ausgesuchte Zartheit
hütet was du
bist

im Gleichgewicht
der strömenden
Unendlichkeiten

Episoden prägen uns
von Tag zu Tag
derweil wir wachsen

baumgross
mit
gewaltigen Kronen

in die
Menschlichkeit
hinein

Geniesse was dir
rein entgegenkommt
in diesen Räumen

Sei den Göttern dankbar
dass sie dich
im Leben führen

langsam aber
unausweichlich zum
ersehnten Ziel

Unsre Bilder
formen sich zum Weltbild
das wir haben

Wächst es
wird es grandios
und schön

in unserem
Uns-selbst
Begreifen

Stark
im Siegel der
Wahrhaftigkeit

Liebevoll
wo Zartheit
sich entfaltet

Lächelnd
wo der Eifer
sich erhob

Liebeskraft vergibt
und strömt der Seele
Harmonien zu

Der Stern der Hoffnung
glänzt für jeden Menschen
in den Tiefen

Dich umfangen will ich
in der Weise
innigen Verstehns

3

Was verplaudern dir die Bächlein

Froh
in deiner glänzenden
Manier gestalte dein Behagen

Entzünde
deiner Lippen Weichheit
für die Fülle

der Gefühle
ihres
Unterweisens

Was ist meine Aufgabe
für die Welt?
Eine wundervolle Frage

Spürst du die Kräfte
die dich zur Seligkeit
erwecken wollen

Singt dir die Liebe
ihr berückend
Liedchen vor

Was verplaudern dir
die Bächlein für
reizende Geschichten

Geniessest du
die Farbenpracht
der Blumenkelche

und die Lebenslust
in deinem
schwebenden Gefühl

Spürst du das Vertrauen
in die Kräfte
die dich führen

Gleitest du in ihnen
voller Seligkeit
dahin

deines Wesens
Schönheit
zu entfalten

Dankbarkeit für
was wir haben öffnet uns
den Himmelsweg

Geschwisterschaft des Seins
verbindet uns
in Seelentiefen

reiner
Freundlichkeit
im Leben

Nenne dein Bewusstsein
die erhabenste
der Gottesgaben

Halt es rein
im Stoss
vollendeter Gedanken

die dich
zur Freude
der Gerechten führen

Ein Fall von Güte
ist jeden Schicksals
waltendes Gewähren

Ein Fall von Liebe
des Begegnens
feingefühlte Wahl

im
Wunderreich
der Menschenwelten

Sonnenfarbenspiel
im Dämmer
zweier Welten

Sinfonie des Glücks
im
rosenroten

Ruhn
der
Widerspenstigkeiten

Tag für Tag
ein Blumensträusschen
der Holdseligkeit

Eine Weide
für
die Augen

Balsam
für
das Herz

Wir leiten uns
bewusst
zu höheren Gründen

Im Zug der Liebe
läutert sich
der Sinn

die
Lebensqualitäten
zu ergreifen

Schön und
weise sei in
deinen Herzenszügen

Heiterkeit
und Fleiss
verbinde sich in dir

zur
Liebenswürdigkeit
der Seinsnatur

Wie schön die Bilder
deines
Die-Natur-Geniessens

Deine Augen
eine Pracht
im liebenden Verstehn

der
Lebens-
leichtigkeiten

Der Maienruf der Vögelein
ist dem des Herzens
nah

Lausch der
Freundlichkeit der Welt
in deiner Stille

Weihe dich
voll Innigkeit
dem Reich der Rosen

Wir schöpfen Schönheit
aus dem Brunnen
der Magie

Der Gedankenfülle
fügt sich das
geformte Bildnis

Zeichen
unsrer
Herzenszüge

So bezaubernd ist
der letzte Schnee
im Gesang der Vögelein

Alles ist
so lieb was deine
Hände pflegen

Weihe dich
dem Tag in Sanftmut
und Ergeben

Wir tragen
Anmut ins Gelingen
wenn wir uns verstehn

Das Zierliche
entspricht der Zierlichkeit
des Herzens

im
bewegten Sinn
für Häuslichkeit

Im Osterwunder
hilft uns Christus
aufzustehn

Wir tragen Seine Male
an den Händen
unsrer Müh

und werden
Seinen Glanz in
unseren Herzen tragen

Im Osterlied
verbinden sich die Menschen
herzensfroh

Die reine Liebe
von Geschwistern
sei uns

Heil und Freude
in der Zeit des
Vorwärtsschreitens

Eine Ahnung
von Erlöstsein
lichte dein Gemüt

Wie Tau vom Himmel
fällt die Träne
des Bereuens

um
der Liebe
willen

Gang zur Seele
im
Ent-Äussern

Schwingender
Gefühle
Seinserleben

im
Freundlichkeits-
Begegnen

Reigen vergnügter Gefühle
im
taufrischen Tag

Augenblau
wie
ein vergnügtes Veilchen

an den
Grenzen
der Zeit

Du trachtest
in Schönheit
zu leben

liebe Seele
in der
Zeitennot

vom
Sein
umfangen

Unbefleckt empfange
was der Himmel
dir vergibt

Sei der Dinge Meister
nach Gewissenskraft
und Tugend

und verschenke
was du bist
ans Leben

Wie bring ich mich
dahin, mein
Glück zu preisen

Welche Fäden
knüpf ich ans
Unendliche in mir

Ich trage eine
Herzensfreundschaft
auf den Händen

Fünf vor zwölf im Jahr
was haben wir noch
zu erfüllen

Welche Ziele
setzen wir
dem neuen vor

im
liebevollen
Schreiten

Weltenweihenacht
im Licht
der Seelenharmonie

Freundlichkeit
der Gaben
die die Liebe spendet

wenn sie
dienend sich dem
Menschlichen vergibt

Wie schön die Lichter brennen
am liebevoll
geschmückten Baum

Die Traulichkeit
der Kerzen tut dem
Herzen wohl

und lässt die Seele
in geheimnisvoller
Freude schweben

In treuem Schreiten
wandern wir von
Ziel zu Ziel

Liebenswürdiges
Ergänzen
führt die Seelen

zur
ersehnten
Harmonie

Wir tragen uns
in Liebestraulichkeit
dahin

Ein
Neubeginn beginnt
zu spriessen

im
beglückten
Jahr

Die Blümchen
setzen sich ins Gras
im Frühlingskommen

Ab sofort liefern wir
die Tage heller für
ein halbes Jahr

Wie schön ist alles
in der
Zeitenharmonie

Wohlgesetzte Worte
tragen uns hinweg
zu Fröhlichkeiten

Schöne Sonnentage
reichen
ins Gemüt

wie süsse Blüten
in der
Lebensharmonie

Eine Welt
im
Märchenzauberschnee

Glanz
der Stille
in den Stuben

Freude klingt
im seelenweiten
Spiel

So viele Dinge
sind vermischt
in unserem Reigen

Wir nehmen
alle
dankbar an

die
Einheit
zu bewirken

Die wahren Gründe
sind die des Herzens
ohne Sinnen

Geschwistertrautheit
führt uns zur
ersehnten Harmonie

Wir dürfen jeden Tag
mit neuer
Freundlichkeit besteht

Vor jedem Tag
sind Nächte
zu durchwandern

Vertrauen
stärkt was wir
uns geben

in Geschwisterschaft
und
gutem Willen

Wie stehn die Sterne?
Immer gut
für eine wache Seele

Was schaust du mich
so an?
Wir schreiten

vorwärts
auf
denselben Pfaden

Deine
Liebeszeichen
tun mir wohl

Ein Körbchen
ein Vergissmeinnicht
ein Zweiglein

eine Welt
von Herzensgüte
für und für

Harmonie bereiten
will ich dir
in Seelengründen

Schau
das Wunder der Verheissung
in der Mitternacht

dich
in die Seinswelt
zu erlösen

Dankbarkeit
für dass wir sind im
Seelensingen

Lauterkeit der Absicht
wo wir
gehn und stehn

im
liebevollen
Lebensschreiten

Wunderkerzenleuchter
in
Rosa

Liebesgabe
im
Hinblick

auf
schönes
Begegnen

Immer weiter
schreiten wir voran
in unserm Werden

Gleich den
drei Königen bereiten wir
die Gaben

und bringen sie
dem Herrn
zur Liebe dar

Vielfältig ist
der Tage Spur in
unserem Bedeuten

Deine Liebe
zu den Lebensdingen
macht dich schön

Wie Blümchen
setzest du dein Werken
ins Gedeihen

4

Lieblich ranken sich Gedanken

Neuwelt
jeder Tag in unserem
Beginnen

Lieblich ranken sich
Gedanken
um die Dinge

der Holdseligkeit
in
unserem Leben

Ein Hauch
von zärtlichem
Hinübergleiten

Ein
Geschwisterseelenzug
ins Unerklärliche

verbindet
was sich
flieht

Wir singen unser
Lebenslied in
makelloser Liebe

Vertrautheit
lächelt dem der sich
dem Augenblick ergibt

Welche Schönheit
liegt im friedevollen
Sich-Begreifen

Verlasse dein
Persönlich-Sein
im Vorwärtsschreiten

Unsere Vertraulichkeit
ist die
der Menschheit

in
geläuterten
Bezügen

Eine Renaissance des
Seinsgefühls ist
überall vonnöten

Tauche deine Seele
in die Lust
zu leben

und verein' dich
mit der Liebeswonne
tänzerischem Spiel

Wie schön dein Lächeln
sich auf deinem
Angesicht verbreitet

wenn
du
glücklich bist

in
deinem
Dich-Begreifen

Dich umfängt
Geborgenheit in
weisen Händen

Deine Liebenswürdigkeit
erschliesst dir
Herzenstüren

in der
Lebensfreude
des Gestaltens

In Himmels Herrlichkeit will ich
dich führen, mein liebes
Täubchen Tunichtgut

Bändchen, Zweige, Kerzen,
welch subtile Schönheit in
den Weihnachtstagen

Sehnsuchtsvolles Herz
nach Liebe, Zartheit
und Begreifen

Jede Herzenswunde
heilt die Schwester
Zeit

Wir stehn
am Anfang
wundervollen Webens

in der
lichten
Weihnachtsmelodie

Sonnkraft im
Geflecht der Tage
macht uns froh

Wir bedecken uns
mit Tränen, wenn wir
unsre Nichtigkeit besehn

und erstrahlen
in der Hoheit
unseres Gotterkennens

So komm denn,
Weihnacht, schöne Zeit
ins Herzerleben

Wir tragen
in uns
was der Freude zugetan

im
still beseelten
Leuchten

Nur die Seelengrösse zählt
im
schenkenden Verzeihen

Dein Licht
erscheint in
deiner Liebe

Das Wunder
in der
guten Tat

Des Lebens Lob im
Herzensdom zu singen
ziehn wir in den Tag

Kein Übel, keine
Schrecknis trifft uns
wenn der Engel bei uns steht

Wir sollen unser Tun
mit Liebe um und um
bekränzen

Wir langen nach den Sternen
und wollen
unsern nicht verlassen

Wie reich sind wir
in unsern
Hundertfältigkeiten

wenn wir sie
begeistert
tun

Täubchen fliegen
ein und aus in den Herzen
und wollen unterhalten sein

Freundlich lächelt
das Antlitz, wenn die
Harmonien sich verwehn

Das Glück der Tage
ist ins Detail der
Behutsamkeit geschrieben

Wunderbarer Tag
an jedem
neuen Morgen

Voll
des Dankens
suchen wir

den
Lebenssinn
zu füllen

Am Rande jeder schönen Zeit
das Weh des Abschieds
kaum zu meiden

Wir hangen an den
Fäden des Gemüts
auf Tod und Leben

und lernen
sein Geheimnis
zu verstehn

Erwarte nichts in
deinen Tagen ausser
deines Engels Flügelschlag

Deine Reise geht
von Stern zu Stern in
unermessnen Zügen

Immerzu wird deiner
Weltenliebe Zartheit
dich begleiten

Im Wesen Menschheit ist
Begegnen ein Sich-Finden
auf derselben Spur

Es helfen sich
die Kräfte des Gedeihens
immerzu

im Lauf
der neuerwachten
Zeiten

Bist du auch gut
wenn andre
dich verletzen

Lächelt deine Seele
allem Leben
zu

in
unergründlichem
Begreifen

Am Brunnen der Zartheit
sitzen die Äuglein
und trinken

Jedes Wesen zieht
im Fühlkreis
seine Spur

und spürt
die andern
im Berühren

Was ändert sich
in meinen Tagen
frägst du dich

Wird meine Seele
lichter, freier
unbeschwerter

Kann ich allen
rauhen Winden
lächelnd widerstehn

Spontan sein können
welches Glück
in unsern Tagen

Heideröschens
Nachtgebet beschliesst
den silberhellen Tag

von
überwältigender
Schöne

Weide dich
am Anblick
deiner Herzensreine

Sei
vor deinen Engeln
liebenswert und schön

im
täglichen
Bewähren

Ein Möndlein, eine Sonne
in der
Zeitenwende

Unsrer Tage
reich befrachtetes
Gespür

für
auserlesne
Herzlichkeiten

Heilfroh sind wir
wenn ein Lächeln uns gelingt
im Angesicht der stummen Tage

Die Seelenheiterkeit
ist eine Tugend
göttlicher Natur

die uns die Wege zeigt
zum
himmlischen Gesunden

Beglückter Tag
im
Seelenwunderfliessen

Seinserleben
in verspielter
Harmonie

an
das Stillesein
verloren

Des Gutseins Same
ist in jedes
Menschenherz gelegt

Pfleg ihn
und wachse
täglich

durch den Schmerz
die Freude und
die Liebe zum Sein

Weg ist
Wahrheit und
Gewinnen

Lausche dem Sein
in
allen Bezügen

Vollende
was du begonnen
in Glückseligkeit

Wandel
in der
Wirklichkeit des Lebens

Seelenwanderung
durch
alle Sphären

zum Wesen
unermesnen
Leuchtens

Lady cool
Lady warm
im Häuschen

Liebende Besorgtheit
freudiges
Begreifen

Dankbarkeit von
Herzen für
die gute Tat

Reizende Schöne
ist
Götterkindern eigen

Du bist eins
sofern du`s weißt in
deinem Innesein

und deinem
reiner
werdenden Strahlen

Der Friede waltet
wo die Liebeskraft
das Herz bewegt

Wir lösen uns
aus Schmerz und
Zähren

zur
lächelnden
Glückseligkeit

Die Wintersonnenwende naht,
dem Frühlingslicht
entgegen

Wir sind geborgen
in den Kreisen, die
die Götter um uns ziehn

Gross ist die Seele
wenn sie sich der Stille
liebend weiht

Geschwisterschaft
fühlen die Menschen
in reinen Bezügen

von
Du zu
Du

ins
Lebendigsein
geflossen

Advent ist
Hoffen auf die Sonne
vor dem Tag

Geduld und
guter Mut sind uns
Begleiter

auf der
Seelenwanderung
ins Leben

Ich werte
und belohne
was du siehst

In Mir wird
was du sein willst
wahr

Erhebe dich
zu deinem
Guten

Bei aller Mühsal
Bin Ich auf dem Weg
des Friedens

Bei meinem Willen
gut zu sein
erlange ich das Ziel

mein Wesen
selig zu
vollenden

Warme Töne schlag ich an
dein Herz
zu rühren

ein Lächeln
eine Geste
des Verzärtelns

reiner
Liebe
untertan

Gläubiges Staunen
jeden Tag ob
dem golddurchwirkten Leben

Dankbarkeit
für jeden
Herzenston

den uns die
Lieblichkeit der Welt
gesungen

Wachse und gedeihe,
liebe Seele, an dir selbst
im kunterbunten Leben

Du bist so gross
wie du dir ins Bewusstsein
setzen kannst

in
heldenmütigem
Bemühen

Traue, Röslein,
Dem der dich
in Seinen Händen hütet

Geduld und
Willensgüte
seien dein Trost

im
leidenvollen
Vorwärtsschreiten

5

Feierlich und heiter

Einer Dame ins Gewissen:
liebe was du bist
in deinem Wesen

liebe
diesen
wunderschönen Tag

und *sei*
in Freude und
gediegenem Verschenken

Feierlich und
heiter öffnet sich
der neue Tag

Nur die Liebe
bringt uns weiter
herzensrein

Ich lasse über dir
den Stern der Weisheit
strahlen

Ahnst du die
Leichtigkeit des Himmels
wenn du rein bist

Traue
diesem Tag des
treuen Dienens

Freudenwunder
zu

Die Hoffnungstage
fahren ins
Erfüllen

Dem Strom des Lichts
gemäss herrscht Freude
im Erleben

Ich Bin
der lautern Liebe
zugetan

Zweifel sind nicht
am Platz, wo die Seele
das Sein sucht

Kleinlichkeiten
überwinden macht uns
wahrhaft gross

Die Welt mit den Augen
des andern betrachten
bringt Weisheit

Werde dich selbst
indem du deine
Göttlichkeit erkennst

Mit jedem positiven
Gedanken entwachsen wir
der niederen Natur

Im Grund der
Gründe sind wir
eins

Zum
Edelmut bist du
berufen

zur Freude
in der Leichtigkeit
des Tragens

im dankenden
Geduldigsein
zum Sieg

So zuverlässig ist
das Heinzelfräuchen
wie die Uhr

Eine Herzensfreude
für den der`s
erleben darf

des Dankes voll
von Tag
zu Tagen

Eine
Seelenbotschaft
seinsentsprungen

Der Augenblick
ist deine
Zukunft

mach
ihn
wahr

Deine Selbstheit
hindert dich daran
zu Sein

Sorge trag
zu deinem
Seelengarten

Lauterkeit und
Reinheit
sei dein Ziel

Tränke
was du bist
am Lebensquell

Überwinde
deinen Hang
zu Sorgen

Wo die
Freude sprudelt
geh dahin

Die Bangnis weicht
der Freude
im Entsagen

Horch auf
Mein Wort im
Morgentauen

den Schimmer
Meines Lichts
vernehm

Geduld und
Fairness bringen uns
voran

In Lauterkeit und
Mut
vollbringe deine Tage

Betrachte mehr
die Welt als dich
in deinem Bangen

So ernst
so früh
am Tag

Eine Weile noch
und du wirst
lächeln

ob dir selbst
im
Überschauen

Ins Radwerk
der Natur
geschlossen

wird uns
Sinnkraft
Tag für Tag

im
Evolutionen-
reigen

Sprache des Begegnens
im Angesicht
der Zeit

Hymnus
an die Schönheit
der Gefühle

Hoch zum
Abendstern
getragen

Redlichkeit
vor allem
in uns selbst

Heldenhaftes
Kämpfen
ungesehn

um der
Wesensblüte
willen

Wo bin ich?
Sind meine Lebensziele
wahr?

Genügt, was ich
jetzt will, für
Tausende von Jahren?

Was hindert mich daran
zur Grösse
aufzustehn?

Eine kleine Weile
und ihr seht
mich wieder

Eine grosse Weile
bringt das
Wiedersehn

war sie ein
Schritt zu
höherem Empfinden

Wir sind auf
unsrer Reise wohl behütet
in der Tat

Sieh deine Wege an
mit gläubigem
Erstaunen

und erfülle mit
Geduld und Edelmut
des Lebens Sinn

Trage sorgsam
was du darstellst
ins Vollenden

Auch deine Schritte
finden einst
das Ziel

Wir begleiten uns
auf unseren
Lebenswegen

Koste
was das Leben
dir bereitet

Freu dich
an der Tage
Melodie

und lass dein
Herz ins Ebenmass
des Seins entgleiten

Wir sind
Gesegnete im Wandel
zur Vollendung

Die
reine Liebe
macht uns gross

Dein Wesens Züge
ein Geschenk von
dir an dich

Mühsal, Mut, Geduld und
Tränen leiten dich
zum Licht

Über allem
die Liebe
zum Leben

Bedenke
dass du
Bist

Trikolore der
Tugenden
Glaube, Hoffnung, Liebe

Sieh wie die Tage
zur Schönheit
sich runden

vor deinem
bewussten
Verstehn

Hilfreich und gut
sind deine Hände
im Gewähren

Liebeszeichen
noch
und noch

in des
Tageslaufs
Verströmen

Ein Blättchen für dich
am Rand der grossen Zeit
als Herzensgabe

Singsang der Hoffnung
auf bessere Zeiten
im Jetzt

Ein Tag
ein neuer Tag
noch nie erschienen

Munter eilen die
Tage dahin wie
fliegende Pferdchen

Spielend im
Sonnenäther
wiehern sie hell

in die
Menschengemüter
hinein

Lebensseligkeit
im Sein
der Stille

Fliessende Freude
im
gelösten Stil

in dem der Tag
sich in die
Ewigkeit entfaltet

Weisheit, Fülle,
Unbeschwertheit
deine Ziele

Die Götter laden dich
zum Fest
der Herzensfreude

in der
Sagenhaftigkeit
der Zeit

Wiedergeburt
im Wesenslicht
der Liebe

Blütenzweige
im
beglückten Haar

einer
Lebensquelle Fluss
im Weilen

Edelmut und Stärke
üben, üben
auf der langen Fahrt

Grazie des Lächelns
an den
Seelenrand gelegt

Geborgenheit im Sein
für jedes Wesen
da

Den Strom der Weisheit
über deinem Haupte
lass ich strahlen

Du findest zu
dir selbst durch
Leid und Weh

derweil die Liebe
dich umfängt in leisem
Dich-Begleiten

Siehst du
die grosse Sprache
des Schicksals

Sie bindet dich
ins Menschenwerden
aller

mit
liebevoller
Gebärde

Dem Himmel dank
dass er dich vowärts
schreiten lehrt

Er hält mit Strenge
und mit Güte
dich umwunden

und bringt dich
täglich einen
Schritt voran

Herzfroh und
tapfer schreit ich
in die Tage

nichts umklammernd
in der Freiheit
lockender Gewähr

meines
Wesens Kräfte
zu entfalten

Dramaturgie
der schwingenden
Gefühle

Holdsel`ge Ruhe
in der Stille
des Besinnens

Gebet der
Weisheit aus dem
Herzverlies

Komm an mein Herz
im Lebensreisen
spricht die Liebe

Ich führe dich
den Weg zur Seligkeit
hinan

in leis
gesetzten
Stufen

Reine Liebe
trägt uns
zu den Sternen

Horch auf
deines Herzens Wünsche
Schlag auf Schlag

im Zuge
des
Verschenkens

Du lebst
indem du nie vergissest
wer du bist

Die Sanftmut
deiner Seele soll sich
dir erweisen

Ich lade dich zum
Fest der Heiterkeit
in Meinen Auen

Lauterkeit des Herzens
gleich
dem Lebensstil

Aus
Kümmernissen
zur Bewährung

vom
Dämmer zum
strahlenden Licht

Wesensreichtum in
bewusster Heiterkeit und
beglückendem Genügen

Poesie des
jungen Tags im
Lichterscheinen

Tatkraft
in die Seelenmunterkeit
gelegt

6

Geliebter Lebenstag

Ich weihe dir
Geduld
geliebter Lebenstag

Mein Sein
erblüht in weisem
Mich-Verschenken

In allen Dingen
fach ich
Freude an

Eine Prise Sonnenschein
ein Herz voll Freude
was willst du mehr

Ich taufe dich
mit Güte
wenn du willst

mit Liebe
so fein
so zärtlich

Aus dem Herzen
strömt Liebe zum
Wesen der Welt

in Hoffen und Bangen
verhülltem Verlangen
erfüllter Bewähr

In die Freude steige
die Sonnenneige tagauf, tagab,
immerzu

Aufwall des Gefühls
in meines Daseins
Augenblinken

Ruhen
in des Seins
Gelöstheit

wenn die Dinge
unberührt an mir
vorüberziehn

Der Atem ferner Seligkeiten
dämmert mir
wie's Morgenröten

Für immer ist
die Stille trauten Weilens
meiner Sehnsucht Ziel

Mich selbst zu sein
durchschreit ich meiner
Lebenstage Taten

Freudenschaffende
Gewissheit
herzbezogen

Tagemühle
kreisend, ächzend
vor sich hin

bis die Wimpel
Südwind schnappen in
der Lebenssymphonie

Weisheit und Frieden
sind in deines Herzens Tiefen
schlummernd angelegt

Wecke sie mit dem
Kuss deiner Liebe
zum Leben

und wirke voll
Sanftmut dein Schicksal
im heiteren Tun

Ich habe
ein Verhängnis
abzutragen

Dem Wesen der Geduld
gemäss heiss ich
mein Los willkommen

weil es mich endlich
in die
Seinsbewusstheit führt

Wanderung ins
Sein der
ungebbornen Tage

Aufschwung
in erhabne
Götterhöhn

unbeirrt
gesetzten
Schreitens

Eine Botschaft an
die liebe Seele aus dem
Jenseits der glühenden Tage

Seelenheiligkeit
im Tageslebenslauf
erworben

Lächelndes Erlöstsein
mitten in der Dingwelt
seinserhoben

Unbekümmertheit
im
Werden

Deines Seins
gesundende
Blessur

In den Schutz
des Adlers eingeschmiegtes
Trauen

Edelmut
und
freudiges Vergeben

Nie
verebbende
Geduld

und
Heiterkeit
des Lebens

Heimkunft von den
schön erfahrnen
Blumentagen

In die
Wesenskräfte
eingeschriebnes Bild

von
heilen
Schöpfungswundertaten

Melodie des Dankens
für die Gaben
dieser Zeit

Herzklang
aus der Knospe
des Erinnerns

an die
Seligkeit
des Seins

Wie schön ist doch
der Tage Sein im
Seinsgewahren

Wir stossen
auf die Güte
der Natur

und lassen uns
von ihrer Fülle
überströmen

Spür wie des Lebens
Zärtlichkeit dich mild
umfängt im Maienreigen

Zur Reinheit lass
dein Herz vom Duft der
Blumenpracht bewegen

Ein Kind bist du im
Schoss der Ewigkeit auf`s
Trefflichste geborgen

Goldnen Sonnenlichts
Verstrahlen überflutet deiner
Seele stille Zier

Aus deinen Gründen
steigt der Friede
ins Gewahren

und gewährt dir
sel`ge Freude
vor dem Tor

Zur Güte strebt
was wir in
unserm Herzen tragen

Wir weihen uns
den
Lebenstagen

durch den
guten Willen
in der Tat

Die Sterne stehn
im
lauschenden Gewölbe

Herzenssehnsucht
findet
ihren Strahl

im
Wendekreis
des Lebens

Reine Liebe
trägt uns
zu den Sternen

Die Gegenwart des Seins
ereignet sich
in jedem

der sich
lauschend
seinem Fluidum ergibt

Auserlesene Gesänge
wollen deine Seele
küssen

Des Lebens Anspruch
führt dich
in die Weiten

des
gottseligen
Verweilens

Herzensdienste
sind vor Gottes Augen
immer gross

Weisheit schöpfen
aus dem Alltag
sollen wir

den Glanz
des Seinsgefühls
zu kosten

Des Himmels Überfliessen
fliesst ins
hoffende Gemüt

Von Dauer sind
die Schöpfungen
der Menschen

wenn sie
aus dem Herzen
fliessen

Wachheit
will die Mutter
aller guten Gaben

Reinheit
der Gedanken
vor dem Tor

ins
selige
Beweinen

Im Stil der langen Tage
schleppt die Woche
sich dahin

Glanzpunkte
zeigen sich
diverser Arten

Truffes aus
Freude, Stolz und
trefflichem Behagen

Freudgefühl
der Stille
im Erleben

Ständiges
Bewahren
der Glückseligkeit

im Schoss
der
Herzensgüte

Lebensliebe
Schreiten voll Vertrauen
in den Tag

Wunderwelt
der Blumen vor den
Menschensinn gelegt

Wohllaut
des Empfindens
reiner Harmonie

Bar jeden Theaters
sollen wir durch uns`re
Lebensgründe gehen

Die Milde
der Liebe lässt uns
ruhig atmen

in den
wilden Winden
unseres Begehrens

Stille
Geste
des Begrüssens

Wiederkunft
der
Schicksalselegie

vor den
Toren des
Erhebens

Aus dem Leid
geboren blüht die Freude
still und wunderbar

In Heiterkeit und
Würde schreiben sich die
Lebensgeister ins Geschehn

Wenn sie frei sind
im gestaltenden
Gebaren

Subtile Kleinkunst
im gesprochnen
Bilderreigen

Tagesspruchgeflüster
über
Berge hin

das
Ferienherzchen
zu erfreuen

Planwirtschaft
im
Blumengiessen

Haushofmeisterpflichten
in der
Tagesliturgie

Ein Ferienidyll
in
lächelndem Behagen

Aufbruch ins
gewisse Etwas
ohne Zögern

Aufbruch ins
Unendliche
des Seelenseins

unter
soviel
Schmerzen

Rausch
der Farben in
den Blumengärten

Ebenmass
der Sinnlichkeit
vorauszusehn

im
berührungslosen
Duften

Auf die
Ferienspur gesetzt
entflieht das Füchschen

in Sonnenwäldchen
zur gekühlten
Schattenkur

in
wohlgesittetem
Betragen

Ins Augenblickliche
gezogenes
Verlangen

Schwertlilien
am
Schotterweg

der
trauten
Unerreichbarkeiten

Herzensfreude
im erwählten
Taggestalten

Sinnenfreuden
am
Erlebten

in
der Glorie
des Seins

Lebensdichte
im Erheben
der Gefühle

zu
höherer
Gesittung

ahnend
was die Himmelswesen
für uns tun

Sagenhafte
Leichte
mag sich breiten

über
die
Seelenlandschaft

im
entzückenden
Sonnenglänzen

Sommersonnenstrahl
im Herzblatt
des Vergnügens

Schmetterlingsleicht
überall
im Licht gesehn

Freundschaftsweihe
in den
lächelnden Bezügen

Liebe und Güte
in
reinem Verstehn

Allweises
Schreiten auf
Gottespfaden

Wesensheiligung
im Seelenaufschwung
des Gerechtseins

Hüterin
der
Blumenzärtlichkeiten

Fee
im Haus
der Stille

dem
Geschenk der Schönheit
zugetan

7

Freiheit des Gemüts

Lebensfreude und
Genügsamkeit
in allen Dingen

Seelenreichtum
in der
Freiheit des Gemüts

dem Zauber
jeden neuen Tags
dahingegeben

Die Rosen schweben
wenn wir
ihren Duft besehn

Die Freude wohnt
in unseres Herzens
Stübchen

wenn wir
die Arme öffnen
ihrem leisen Ton

Die Menschenzellen
führen sich zum Ganzen
in der Lebensharmonie

Gelassenheit und
Frieden wohnen unter`m Dach
des guten Willens

Weh und Wehmut weisen uns
den Weg zur Seligkeit
Elysiens

Lob der Perfekton
im Haushalt
der Liebe

Traulichkeit
im
Blumengarten

Weise Sorgfalt
in der
Tagesliturgie

Lobgesang in jeder Hoffnung
wie ein
sinnendes Gebet

Herzensfrömmigkeit
in jeder Phase
des Gedeihens

Reinheit in des
guten Willens
gutem Ton

Ununterbrochene
Kontrolle der Gedanken
ob sie gut sind

Weises
Akzeptieren dessen
was die andern sagen

Liebevolles Dienen
wohin immer auch
die Wege gehn

Wann ist Gott gut?
Wenn wir selber
gut sind

Simples Kalkül:
wir bleiben solange
wie wir sind

bis wir
uns
geändert haben

Wesenstreue
führt uns still und
stets voran

Rein geworden
ruhn wir
selig

im
Geheimnis
des Vergebens

Suche nach Weisheit
allüberall
im Werden

Suche nach Weichheit
in der Härte
des Seins

Herzlichkeit
der Liebe
im Gesunden

Morgenleichtes
Gewahren der
webenden Welten

Seligkeit der Stille
im
Erkennen

der
lebendigen
Urgrundströme

Voll Liebe nährt
die Mutter Erde dich
mit ihren Halmen

Sie hütet deines
Wesens Weise
noch so gern

in ihrem
majestätischen
Bewegen

Kind der Sorgen
Kind der Hoffnung
Mensch- und Erdental

Trage dich in
deinen Nächten
Meinem Lichte zu

in
unerschütterlichem
Weben

Ruhe - in der Unrast
Liebe - im Tun
Geduld - im Erwarten

Sternensanftmut
üben, üben, üben
durch die langen Nächte hin

bis des Morgendämmers
rosenlichter Gruss
dir Freude strahlt

Glanz und Glorie
im
sonnenhellen Tag

Daseinsfrieden
wo die
Stille blüht

im
meisterlichen
Schweigen

Ein Gruss der
frommen Pilgerin
ins Raritätenstübchen

Feinsinnige Welt
in noch so viel
Bezügen

erhebendes
Bejaen dessen was wir
uns bedeuten

Das Mass der Liebe
ist das Mass der Lust
in allen Dingen

Am Ende wird
nur noch das
Sonnenleuchtende bestehn

Dem Lichte
zugewandt erreichen wir
das Ziel

Taufrisch der Glaube
an die Unversehrtheit
allen Seins

Wir streben
unsrer Makellosigkeit
entgegen

im Bewusstsein
dessen
was wir *sind*

Die Regentröpflein an den
Scheiben sind ein Perlen-
zauber für das Kind

Alles ist
schön im
Garten Gottes

wenn wir`s
mit dem Herzen
sehn

Im Hiersein
liegt soviel von
Poesie

von Märchen
die die linden Lüfte
zu dir tragen

von Herzensfreuden
wenn ich vor
den Blumenkelchen steh

Spielraum
grosser Kräfte
in uns

an uns
wie wir
sie lenken

heil- oder
unheilig
zumal

Geheimnis um
Geheimnis lockt uns
in die Engelsphären

Die Tage deiner
Mühsal sind gezählt
und weichen

der Allherrlichkeit
des Seins in
lichten Höhen

An die Front
gesetzte Seelen sind
wir alle

Kämpferinnen
um das
Hoffnungsland

im
unermesslichen
Werben

Wohlgelungne
Schönheit
im Erleben

Traumpflanzen blühn
im
werdenden Geschehn

in der
Seelenwogenei
empfunden

Reinheit des Gewissens
Sonnenklarheit
im Seelenazur

Heilige Ruhe
zwischen
Ebbe und Flut

Ziehende Sehnsucht
und holdseliges
Gelingen

Seelenkraft
aus Licht und
Leichtigkeiten

Hingegebner
Opfermut an
jeden Tag

der
himmlischen
Vollendung

Sonngewalt und
Lebensmut in
diesen Tagen

Wachsendes
Bewusstsein
deiner selbst

im
grossen Wandel
der Gezeiten

Gläubigkeit und Schweigen
Sonne und Stille
wärmen die Seele

Wie ein ewiges Lächeln
zieht sich der
blaue Himmel dahin

Die Zeit verdunstet
vor dem
schauenden Gespür

Die Ziegenböcklein
hüpfen wie die Hügel
wenn sie glücklich sind

Wohin der Weg?
Zu gröss`rer Freie
von dir selbst

Das Land
der Träume
ist schon da

Wie wandelbar der Sinn
wie unverbrüchlich ist die
Treue der Engel zu den Menschen

Erheb dein Haupt
zu ihrer Schwingen
Vielzahl

und sei heil
in ihres Fluidums
Zerfliessen

Himmelskräfte
treten heilend
ins Erscheinen

wenn
wir sie
herniederflehn

ins
menschliche
Gedeihen

Hochgefühl
im
Seinsbedenken

Freiraum
über
dem Geschehen

Menschenwürde
zeugend

Kunst des
Weilens im
Gestilltsein

Ebenmass
der strömenden
Gedanken

Götteratem
im Rhythmus
des Gedeihens

Die Erde eilt
dem Frühlingslicht
entgegen

Des Menschen Wille
folgt der
Freude Spur

die Gottheit
zu
erkennen

Neuer
Freiraum
im Bewegen

Anvisiertes Ziel
dem Wunsch
gemäss

ins
Allherrliche
zu schreiben

Menschenliebe
Gottesliebe
in einem

Streben nach
Vernunft im
Freude sehn

erfüllt
vom
lächelnden Genügen

Deine Sinne tragen dich
ins Schweigen der Beglückung
wenn sie ruhn

Dich verschenkend weitet sich
der Umkreis deines Lebens
zum durchlichteten Azur

Was dein Sein betrifft
gewinnst du Tag für Tag ein
Quentchen mehr an lächelndem Genügen

Sturm und Sonne
Ruh
und Wagemut

umsäuseln uns
und
tosen

in der
Lebens-
sinfonie

Bewahre
das Licht auf
den lächelnden Zügen

Lebensliebe
führe dich
zu Mir

ins
allbewusste
Sein

Heimat
im Herzen
der Zeit

Lebenslust
im
Schreiten

Seligkeit
im
Sein

Liebenswerte Weisheit
ttag *Ich* dir
unablässig vor

Die Räume
sind erfüllt
vom Klingen

einer
Gottes-
melodie

Wirkgewalt
und
Schweigen

Insel
im
Sturm

Erleuchtete Seele
im
Weilen

Maya erkennen
welche
Tat

Allversöhnen fühlen
welche
Freude

im
Wesen
der Gottinnigkeit

8

Weisheit und Liebe

Im Selbst-Erkennen
öffnet sich der Weg
zum Seligsein

Weisheit und
Liebe führen
ins Vollenden

Wachsein für die
Trefflichkeit der Welt
bedeutet Vorwärtsschreiten

Natürlichkeit und
liebendes Gerechtsein
welche Tat

Geduld in
allen Dingen
reinigt unser Sein

Wir haben uns
soviel noch
zu vergeben

Unbeschwertheit im
Agieren, wenn uns
Heiterkeit belebt

Equilibrium
der
Seelenkräfte

im
bewussten
Seins-Erkennen

Das Wissen um die
Qualität des Ursprungs
hilft uns meilenweit voran

Wir haben
alles
zu gewinnen

Intense Freuden
sind
das Ziel

Wovon wir träumen
träumt sich in der
Sphärenharmonie

Im Glück der Lebenstage
beglücken wir
die Welt

Der Sinnenfälligkeit
entronnen
sind wir

Den Spiegel
der Vollendung
halt Ich vor dich hin

Wissen
sollst du
wer du Bist

und
dich danach
gehaben

Gutsein
Seelenglück und
Frieden

Vorwärtsschreiten
im
erkennenden Gefühl

dass
keine Räume
uns umschliessen

Hochsprung der Seele
vor
dem Tor

Liebesabenteuerliche
Sendung in
die Höhen

von
Sternenglanz
umflort

Alles ist Illusion
bis die Seins-Erkenntnis
aufblitzt

Die Seele folgt
dem Funken
ihres Seins

wie der
Falke
seiner Beute

Schritt um Schritt
das winzige Ego
überwinden

Absolute
Sicherheit
gewinnen

im Erkennen
des
göttlichen Strahls

Harmonie und Liebe
in
Gedanke und Tat

Jeder Schritt
ein Schritt
zur Vollendung

Ich Bin
und wache
unter Zähren

Keine
Wünsche mehr
zu hegen

von dir selber
los
zu sein

welches Glück
und
welche Gnade

Ein
Sommervögelchen
die Seele

Heiterkeit
und
Leichte

ein
entzückendes
Juwel

Kein Kummer ist so gross
wie Christi Kummer
um die Seinen

Jedes Leben
läutet
Christi Kommen ein

im
wahren
Herzbegreifen

Weihung
an das Sein
tut uns vonnöten

Das Absolute
heiligt
unsern Sinn

und
führt uns
zum Vollenden

Nur die
Wahrheit
macht uns frei

Wenn wir offen sind
gereicht das Leben
uns zum Wohl

in
zärtlichem
Umfangen

Es wallt die Stärke
winkt die Freiheit
webt die Freude

wenn die Seele
schreitend
sich erhebt

zur Fülle
ihres Seins im
Paradiesesgarten

Im Land der guten Gaben
tanzen
singen wir

Den Keim
der Fröhlichkeit
im Herzen

schreiten
wir
voran

Ich pflanze
Tugend in dein
Wohlbefinden

Öffne dir
das Herz dem
Quell

der Gotteslliebe
im
Vereinen

Traust du dich
den Weg allein zu gehn, dann
werden viele dich begleiten

Ich will, welche Parole!
ich kann, welch Wort! ich schaffe mir
das Ziel, wie grandios

im
vielgestaltigen
Menschenleben

Fürchte dich nicht
gesegnete der Liebe die du bist
in deinem Streben

Im Kreis der Hoffnung
sammelt sich
dein Wohl

wenn du
vertraust auf
Mein Behüten

Der Sonne Ziel
ist reines
Dich-mit-Licht-Begüten

Ihrer Strahlen Kraft
entflammt des
Lebens Blüte

und führt
alle Wesen zum
ersehnten Wohl

Ich weiss ein Lied
die Liebe hat's
gesungen

und sing ich es
so wird das
Leben wahrhaft schön

in
lächelndem
Gewähren

Heimlichkeit
des Lebens im
Gedankenparadies

Brennende Sehnsucht
unabänderlich
erscheinend

in des
Herzens
Metamorphose

Freundlichkeit und
Stille sei
ins Herz gelegt

im schönen
Reigen
der Gefühle

durch
den
Freudentag

Wovon ich spreche
soll dir eine
Herzensgabe sein

dem Selbst-Verständnis
soll es
dienen

wie
dem Glück
des Augenblicks

Die kleine Seligkeit
vergangner Tage
hüllt dich ein

Im sanften Weh
zu schweigen
lernt das Herz

Behutsam will
ein Lächeln aus der
Frühlingserde keimen

Im Hauch der Nacht
gestillten Wesens
ein Gedanke

Schön
wie das
Pfauenrad

und kostbar
wie der Perlentau
im Grase

Ein Tag Unendlichkeit
in
Sonnenglanz und Strahlen

Azur und Licht und
ein Gemüt voll
Heiterkeit

im
Wunderbaren

Voll Bedeutung
jedes Leben
dem Kommenden zu

Bereite
deiner Zukunft
strahlendes Gedeihen

deinem Herzen
liebevolles
Wohl

Vieler Wege
einziges Ziel
dein Werden

Nichts anderes
als dieses Leben
wollen

und
in Meisterschaft
bestehn

Im Land der Liebe
einen sich
die Seelen

Gleicher Ursprung
gleiches
Ziel

im
Wohlgesang
Elysiens

Wir gesunden am
Überwinden unseres
kleinen Ego

Wie schön
leuchtet die Sonne
dem

der
das Leben
lieben kann

Eine Prise Heiterkeit
am hellen Tage
kann nicht schaden

Die Sonne flüstert`s
die Blümchen
singens

und die Herzen
nehmens auf in
sel`ger Harmonie

Entschliesse dich
zum Glücklichsein
in deinen Lehrlingstagen

Die Blumen
brechen für dich aus
in Farbenprächte

und die warme
Sonnenliebe
hüllt dich zärtlich ein

Wir verhaspeln uns
in
eignen Nöten

Mählich ahnen wir
das Ewige
das in uns lebt

und
einen uns
mit ihm

Unterm Strich
ein gemüsslicher Tag
für die Reisenden

Ciel bleu
ciel ouvert   (im offenen Cabriolet)
eine reizende Szenerie

Wie reich ist
das Leben
auf der schnittigen Fahrt

Alle Gründe sind
der Grund der Liebe
wenn du innig liebst

Ein Häschen
ein Vergissmeinnicht
eine rote Orchidee

und das Bangen
um eine
Minute der Harmonie

Zeitenlose Tage
gleitendes Erleben
der Glückseligkeit

Der Same ist gelegt
in jedem Herzen wohnt
die göttliche Gebärde

langen wir nach ihr
ergreift sie uns im
Daseinsaugenblick

Kassen klingeln
Geschäfte rauschen
für die Satten

Nur wer den
Kreislauf der Notwendigkeit
durchbricht

kann
das Wesen der
Unendlichkeit berühren

Dein Sosein
wie du sein sollst
beschert dir reiche Gottesgnaden

Ein Gemurmel ist im
Himmel, wenn du aufwallst
im Gefühl

Die Engel
öffnen dir den Weg
zu reinen Liebestaten

Vor allem
Freundlichkeit des Herzens
ist vonnöten

Offenheit zur Welt
in
allen Lagen

unsrer
Lebens-
historie

9

Dein unvergänglich Wesen

Taufrisch die Blüten
in der Hand
die ich vergebe

Ein Lächeln
überströmt den
Seelenabgund

und verduftet
im
Azuren

Ständig zieht
der Weisheit Strom
an dir vorüber

Sagenhafte Bilder
prägen
deinen Sinn

dein
Gottbewusstsein
zu erhellen

Verströme Licht
den Tag
zu weihen

Sei dankbar
dass du
strebend *bist*

ein
unvergänglich
Wesen

Heitrer Ahnung voll
trittst du die Reise an
ins Zauberland des Südens

Noch gibt es Träume
die zur Wirklichkeit
erblühn

Das Leben
öffnet sich in
Raten

Die Wiege der
Glückseligkeit umfängt uns
zeitenlos

Die Erde schwimmt
in
namenlosem Frieden

Dem Menschenherzen
strömt der
Himmelsräume Wohl entgegen

Jede deiner Taten
sei vor Gottes Antlitz
wunderschön

In Himmelssphären
lebst du
ohne es zu wissen

Wandle dein
Bewusstsein, der
Vollendung zu

Rein sei die
Einsicht ins Geheimnis
deines Tuns

Unentwegt
verwirklliche was
deiner Seele frommt

im
Wunder
deiner Tiefen

Eine Bachstelze
fängt ihre
Mücklein

auch
unter
trübem Himmel

und du,
liebe Seele
du?

In der Seelenruh
vermählen wir uns
guten Geistern

Treu
dem Gebot
der Wachheit

erfahren wir
was uns erhebt im
Daseinsfunkeln

Alles kann dir Blüte sein
wenn du es
recht besiehst

Wir gehen
durch die Weiden
Kränze im Haar

und senden
ein Lächeln
den Himmlischen zu

Zauberkraft
der Gnade die
dich hütet

Hoffnung
auf Erlösung
die dich nährt

im
unermessnen
Rufen

Flügge sind die Lebenstage
sie fliegen aus wie
Vögelchen ins Sonnenscheinen

Bewundernd
schauen wir was
sie uns zeigen

an Behendigkeit
Gediegenheit und
Selbstvertrauen

Tag um Tag
vergeht,
was haben wir gewonnen?

Gibt es Taten
die uns
rein erscheinen?

kleine, grosse
Opfer in der
Seelenkur

Die Stunden schleichen
bis die Weisung
sich erfüllt

Im Geschlängel
der Zeiten
ein Weg

wo
die Wege
sich kreuzen

Wie nah, wie fern
des Glücks
Erfahren

Nur die
Hoffnung führt
zum Stern

und das
beharrliche
Gebet

Bist du frei von dir
ist alles
nur noch Spiel

Es gibt zuletzt
nur ein
Sich-Finden

in der
Unergründlichkeit
des Seins

Mutter Erde schenkt uns
ihre Gaben unter
glühendem Azur

Dankbarkeit und
Herzens Heiterkeit
sei unser Teil

im
schönen Spiel
der Fruchtbarkeiten

Über allem schwebt
der Hauch der Gottesliebe
uns zu heilen

Weint die Seele
weint sie in der
eignen Qual

die
Finsternis
zu klären

Weichheit der Liebe
sanftes Verstehn
im Lebensdrängen

Malerisch und heiter
sind deine Geschichten
-von Ferne gesehn-

Wir sollen die Kunst
des Verzeihens
in Grossformat üben

Geisterhaft
dreht sich
das Karussel der Tage

Fest steht
nur die Achse, um die
sich alles dreht

im
selbstbewussten
Seelenwesen

Unfehlbar
verfängst du dich in
deinen eignen Netzen

Reine Güte
macht das
Leben schön

Du reisest mit
Planetenpost durch
Himmelsweiten

Traulichkeit
des Seins in
feinen Winden

Herzgeborgenheit
wo sich
die Wege kreuzen

im
liebevollen
Sich-Verstehn

Erleb deine Tage
im
göttlichen Wohl

Danke und
hoffe
voll Inbrunst

und weih dich
dem Höchsten
im Tun

Richte deinen Sinn
dem Meinen zu
in Himmels Leichtigkeiten

Weih dich
der Ewigkeit im
absoluten Schweigen

Giess Wasser
auf die Mühlen
deiner Freuden

Deine Ahnung von der Welt
gewinne Glanz in
lichterfüllten Tagen

Liebreich und gut
sei deiner Hände Werk
wie deines Atems Wogen

Wirke ohne jeden
Zweifel an dir selbst
in deinem Dich-Ergründen

Nicht wie Fremdlinge sollen
wir beten, sondern wie Kinder, die der Liebe
und Fürsorge ihrer Eltern gewiss sind

Üben und nochmals üben
auf allen Ebenen unseres
Seins, sei die wissende Devise

Kinder des Glücks
sind wir
wenn wir`s fassen

Gedanke reiht sich an Gedanke
in der
still gewordnen Zeit

Was die Seele
sich ersehnt
erfüllt sich

in der
langgedehnten
Daseinsharmonie

Kleine, grosse Sterne
weisen uns
den trauten Weg

Im Leiden
liegt die Gnade
sich mit allem zu versöhnen

Einmal sind wir
friedevoll
erlöst

Hoch hängt
der Brotkorb
wahrer Seligkeiten

Sei nicht bang
alle Wunder kommen
im Geheimen

Güte waltet
wo die Liebe ist
im Spiel

Lenke deine Wasser
makellosen
Mühlen zu

Pflege dein Bewusstsein
mit den
besten Bildern

die in
deiner Wachheit
vor dir stehn

Wer mag schon an den Himmel
sich verlieren, wo die Erde
so gewaltig vor ihm steht

Die Engel
haben es geschafft,
aber die Menschen?

Wann lösen sie sich
von des Lebens
Eitelkeiten?

Allgüte führt uns
liebevoll
ins Sein

Wir sollen
ihr nicht
widerstreben

selbst in
Schmerz – und
Leidenslitaneien

Liebe strömt
soweit
die Sterne glänzen

Im Raum des guten Willens
öffnen sich
die Herzenstore

Was wir still ertragen
ist im Seelenhimmel
wunderschön

In deinen Wünschen
soll zuerst die
Gottesliebe brennen

Kein Wunder
kann des Seinserkennens
Gnadenstrahl erreichen

In Tapferkeit und
Tränen schreitest du
den Berg hinan

Leise
blättern sich die Tage
dem ersehnten Herbst entgegen

Die Erdenstimmung
wandelt sich
ins Melancholische

im
Vogelstimmen-
schweigen

Öffne dich
dem Seinsgeschehn
voll Liebe

Klare Wasser
fliessen wo der
freie Wille thront

Fang an
es ist die Zeit
der guten Taten

Die offnen Herzens
sind grossmütig
und heiter

In der Liebe
des Vergebens
schwebend

achten sie
des andern
Mass

Jede Herzensgabe
trägt uns näher
zu den Sternen

Was ist unser Glück?
dass wir uns
alles vergeben

Sanftmut sei in
deinen Lebenstraum
geschrieben

Einbruch
in den Alltag
wie ein lichter Sonnenstrahl

Fülle
und
Gedeihen

Hundertblätterige Blüten
wo des Auges Schauen
sie erspäht

Keine zwei
sind
gleich

Du allein
bist deiner Seele
Hüterin

in
der Unendlichkeiten
Meer

Länger leben
schöner leben, lieber leben
in sonndurchwirkten Zeiten

Alle Wissenschaft der Welt
versagt
vor einem liebenden Herzen

Wir leiden
wenn wir kreisen
um den eignen Pol

Wallfahrt
zu des Lebens
Tugendbronnen

Dornenvoller
Weg
aufhaltig

unter
freudenreichen
Rosenkränzen

10

Wirkfeld des Erbarmens

Wir schreiben allgemach
ins Wirkfeld
des Erbarmens

Seelenlauschen
ziemt sich
mehr und mehr

im
täglichen
Gesunden

Dem Friedensrufe
öffnen sich
die Herzenstore

Kein Wunder
grösser als die
reine Liebe

deren Farbenklänge
unsre Himmelswelt
durchwehn

Wachsam gehn
die Tugendhaften
durch den Lebenstag

Jede Geste des
Bedauerns
meiden sie

und verfolgen
mutvoll
ihres Gutseins Zielen

Gedanke an Gedanke
fährt uns
durch den wachen Sinn

Wir möchten
frei sein im
bewussten Streben

Heimat
sucht die Seele
in der Zeiten Los

Schon dringt des
Herbstlaubs Rauschen
an die Tür

In feine Nebel
kleiden sich
die Fluren

Die Seele sehnt sich
nach dem Ruhn in
friedevollen Zügen

Berufene
sind wir zu
allerhöchsten Ehren

Gestalte täglich
was du bist
dem Sinn gemäss

der in dir
flammt
ins tätige Entfalten

Ein Wort aus
Stille und Glückseligkeit
ins Morgenwehn

Der Himmelsreichtum
strömt hernieder
ins Gemüt

das
strenge Tagwerk
zu versüssen

Eines Blümchens
Kostbarkeit
am Wege

ein mild
gestimmter
Abend

welche
Fülle
für das Herz

Streben
ins Erhabene
der Geistessphären

Wachsen
aus der
kleinen Not

ins
Glitzern
der Unendlichkeiten

Friedenssehnsucht
fülle deines Herzens
Gral

Weihevolle Stille
schütte Licht
ins Seelenleben

Sei in deinen Nöten
des Vertrauens
liebender Kumpan

Willkommen
schöne Seele in des
Liebeshafens Heimlichkeiten

Alle Dinge sind
beglückeend, wenn wir sie
aus Liebe tun

Eine stille Welt
beginnt sich
neu in dir zu regen

Vermeiden wir
wie Leierkastenmännchen
unsre Tage abzudrehn

Einjeder
bringt uns
neue Züge

wenn wir ihm
mit offnem Sinn
entgegengehn

Wo sich die
Herzenspfade kreuzen ist
die Lieblichkeit im Spiel

Ein Gewitter von Gefühlen
rauscht geheimnisvoll
hernieder

wenn
die Seelen
ineinander übergehn

Gefühlsgewitter
sind am schwersten
zu verjagen

Des lieben Lächelns
engelgleiches
Sich-Gedulden

macht
die Herzenstage
schön

Wie Vögelchen
ziehen die Sonnentage
dahin

Bist du
ihr
Meister

deines
Lebens
Kapitän?

Sein und schweigen
und des Seins
Glückseligkeit erleben

Atem der
Vergänglichkeit in
allen Dingen

Unauflöslich
weben sich Gedanken
neuen Welten zu

Wer nicht sich selber
dient erringt die
Palme der Befreiung

Ein wahrhaft schönes Antlitz
strahlt das
Glück der Seele wieder

Wir lächeln
und gewinnen
Seligkeit und Ruh

Von Seel zu Seele wallt
der Seinsgeschwisterschaft
gegütigender Ton

Mit jedem Ding
bist du vermählt
das dich umbrandet

Niemals wirst du
aus den Kreisen der
Allgottheit fallen

Was du festhältst
wird dir
abgenommen

Wenn du rein bist
darfst du dich
den Priestern zeigen

Lass den Duft
der Liebe
durch dich wehn

Wir erleben
die Bedeutung
unseres Gedankenspiels

Die Erde trägt uns
wie die Mutter die
geliebte Kinderschar

Alles ist
vom Sein
umfangen

Sieh keine Schranken
keine Hemmnis in
der Seele Streben

Erwache zu dir selbst
von Freud` zu
Freudentag

Die Lebensnoten
spielen dir die
schönste Melodie

Das Herz des Menschen
ist der Lotusblüte
zu vergleichen

Jede Blüte
wird vom Schöpfer
liebevoll behütet

und duftet in
ihrer Unschuld
dem Himmel entgegen

Pflege das Persönliche
bewusst im
allgemeinen Fluten

Jesu Meisterlehren
sind für alle da
von ganzem Herzen

Auch du gehst
einer grossen Herrlichkeit
entgegen

Die Kräfte
des Genesens
tragen dich voran

Entfache
deine Seelenkraft
dem Licht entgegen

Liebe deines Lebens
Zärtlichkeiten
Tag für Tag

Vernunft und Güte
tragen dich
hinan

Deine
Freiheit ist
der Lohn

des
unentwegten Ringens
um den Sieg

Schönes Weilen
schönes Teilen in des
neuen Jahres Blühn

Jeder gute Schritt
ein
kleiner Sieg

auf der
Fährte
des Gelingens

Ein
Abgrund
ist die Liebe

Wilder Schmerz
wie
Sanftmut

die
beglückende
Genügsamkeit

Freude und Trauer
geben sich die Hand
im Lebensreigen

Vernunft und Überschwang
begleiten uns
in brüderlichem Tun

Reine Liebe
zieht im Stillen
ihre feine Spur

Man weiss
und weiss doch kaum
wie tief die Dinge liegen

Ein schönes Gesicht
Ausdruck einer
liebevollen Seele

Trage Sorge
zu dem, was du dir
errungen

Gemeinsam schreiten wir
dem Angesicht
des reinen Lichts entgegen

Niemand steht allein
in der Geschwisterschaft
der Sterne

Seelenlächeln
sehe ich auf deinen
lieb gewordnen Zügen

Reine Schönheit zu umfangen
geht die Seele aus
im Gottessuchen

Das Zeichen der Vollendung
seh ich über
deinem Haupte ruhn

wenn du es
fassen kannst in
deinen Seelengründen

Einmal singen wir
dasselbe Lied vom
liebenden Vergeben

Welche Stunden sind die
schönsten, wenn nicht die
des seelenvollen Weltbegreifens

Eine reine Stimme
hat die Sehnsucht
wenn sie ruft

Jede Fahrt
eine Fahrt
ins Ungewisse

Jeder
Seelenhunger
wird gestillt

von der
reinen Güte
des Seins

Auf, auf
ins Heitere
des Lebens

Wir tragen
Würde
in des Herzens Hof

in
Wahrhaftigkeit
und Liebe

Schöner Weise Singen
trag ich
deiner Seele zu

Morgengrüssend
überfliesst die Sonne
unser Sehnen

Im
Kinderaugen-
staunen

Jeder trägt
am Gewölbe
der Welt

Deine Gabe ist
wie jede
andere

für die
Schöpfungsharmonie
vonnöten

Öffne deine Hand
den
Gottesgnaden

Deines Herzens Wege
führ
Ihm zu

dein
Wesen
zu gesunden

Darben muss
kein Hälmchen am
Früchtekorb der Seligen

Erfüllt sind wir
von jedem
guten Wort

das uns
die Liebe
eingegeben

Zärtlichkeit
in stillem Leuchten
berückend schön

Die Gesetze
reinen Menschseins
mögen sich erfüllen

in den Stunden
lieblichen
Verklärens

Wo fass ich
dieses Tages
Stunden an

im klaren Denken
in der Güte
meines Wesens?

einer
ganzen Welt
zum Wohl

Pflege den Gedanken
an die
Schönheit der Natur

Betrachte
ihres Wachsens
Stille

wie die eigene
in unerschütterlicher
Harmonie

Ein Herzenslied
an das Geschenk
der Lebensstunden

Ein lieber Blick
für die
die mich umsorgen

von
Tag zu
Freudentagen

11

Sinnkreis reiner Güte

Keine Zeit und
keine Frage
im Jetzt

Vom Hier
bewegst du
deine Welt

zum
Sternen-
dom

Sinnkreis
reiner
Güte

Wunder
der
Zeit

im
Weihnachts-
geschehn

Die Welt der Liebe
ist die Welt
der guten Taten

Der Schönheit Preis
ist
emsiges Bereiten

Wir gleichen Bienen
die sich jedem Tröpfchen
Nektar nahn

Verschwiegenheit
und
Grossmut

Zwei Sterne
am Weg
zur Vollendung

Merk sie
dir
wohl

Belächle die
Flausen des Schicksals
deiner Lebenstage

Bewahre
Heiterkeit in
deinen Seelengründen

Selbstbewusstheit
und
Entsagen

Trost
vollkommner Süsse
unverloren

in
Schwebezeiten
feierlich

vor
deine Sinnenwelt
getragen

Wir singen
unser Lied
in Freudentagen

Es glätten sich
die Wogen
des Gemüts

und bieten sich
der Sonnenwärme
dar

Das schöne Band der Treue
trägt die Seinsgeschwister
himmelan

Aus Rosenwölkchen
lächelt uns Aurora
sel`ge Sanftmut zu

Mit Freude und
Gelassenheit erfüllt sie
unser sehnsuchtsvolles Leben

Immer nur dir selber
tust du weh
vielgeliebtes Täubchen

Voll Güte
schliess ich dich
in meines Herzens Bund

dich
mit milder Schönheit
zu begaben

Nur was uns gut macht
wollen uns die
Götter zeigen

Wir taumeln
doch wir stehn auf festen Gründen
im Vertrauen

Von Stund an
will ich nur noch
richtige Gedanken pflegen

Gerade dieser Tag
sei der vollkommenste
in meinem Leben

Ich tue, was ich soll
in
unbedingtem Streben

voll Freude und
mit Dankbarkeit
im Herzgefühl

Eine Freundesgabe
in dein Herz
den Tag zu feiern

Vertrauen in
die Kraft der Seele
die Gedanken aufzuziehn

in des
Erlöstseins
himmelhohe Regionen

Was macht die
Zartheit im Verkehren
von Geschwisterseelen?

Weil sie vom selben
Hauch durchweht sind
göttlicher Gebärden

in ihrer
Sehnsuchtsträume
Wallen

Wieviele Träume
müssen wir verwerfen
bis der eine

-der Unendlichkeit-
uns
voll erblüht

in
unserm
unerhörten Staunen

Reinheit im Denken
Gelassenheit
im Tun

Ebne
deine Wege
im Gefühl

und sei dein
eigner Engel
kraftvoll und gediegen

Schöne Weile
in weilender
Verschwiegenheit

Strom der Tugend
in der
Wohlgeordnetheit der Sitten

Freundlichkeit
des Lebens in der
Harmonie des guten Tons

Das Persönliche
ist
das Bächlein

das Un-Persönliche
der
Strom

die uns
zum erkennenden Glückseligsein
geleiten

Traumverlorene
Gefährtin
der Glückseligkeit

Was sich freut
in
liebevollen Zügen

nährt
die Hoffnung
auf viel mehr

Schönes Weilen
in der Stille des Gemüts
im Abendhimmelleuchten

Ein liebes Wort
an eine
traute Seele

segelt
durch das Ätherlicht
dahin

Was krumm ist
mach gerade
was seicht ist, tief

Freudenblumen
lass aus deiner
Seele spriessen

wenn sie die
Blütenkunst
errät

Die Zeit der Mondenklarheit
bringt der Seele
Klärung ihrer Göttlichkeiten

Lass dich in der Stille
von der Sternenkraft
durchfliessen

die dich
zur Vollendung
dirigiert

Die Liebe ist immer
taufrisch
im erschütterten Gefühl

Sie opfert sich
ohne Grund
in ihren Gründen

Verhaltne Seelenfreude
ist
ihr irdisch Los

Weichheit
Wachheit
herzliches Erbarmen

Schöne Weile
im
erlebten Leben

wo
die Freudenröslein
stehn

Weihe des Gemüts
an was
die Liebe flüstert

Gesunden
an der Klarheit
der Gedanken

Sein
im
unerschütterlichen Wohl

Die Gunst der Götter
muss man sich
erschnaufen

Wahres Glück
ist mit Elan
errungen

im
täglichen
Gestalten

Das Leben atmet Weichheit
für die
Sanften

Schönheit
für die
Schönen

Trautheit
für die
Liebevollen

Reich sind die Tage
auf des Hoffens
Wogenkämmen

reizend
in der Blüte
des Erwartens

und
ihres Strömens
letztem Zauber

Waches Überragen
bietet sich
dem Sinn

der sich
den Illusionen
stellt

und sie zuzeiten
überschaut
im hohem Staunen

Der Weg ist schmal
-des Glücks-
in deinen Tagen

Ein Fest
ist
jede Stunde

wo wir`s recht verstehn
die Trefflichkeit des Seins
zu deuten

InFreiheit lieben
ein
erhabnes Ziel

Schön
ist die Kunst
des Sich-Begreifens

auf der
Wanderschaft
der Menschen

Lieb und heiter
soll die Sonne
dein Gemüt durchstrahlen

Winterbaum und Schnee
eine
Märchenstickerei

im
lichtdurchfluteten
Azur

Die Sonne lächelt uns
im Westen
Abendmelodien zu

In leuchtenden Etagen
zündet sie
den Himmel an

der
strömenden
Unendlichkeiten

Du schreitest
ständig dem Vollkommensein
entgegen

Geduld
und Liebe sollen
dich begleiten

treue Seele
in der Zärtlichkeit
Elysiens

Dialog
dem Seelenecho
hingegeben

Breite Wärme
wie geschaffen
für das Glück

im
Sternenlauf
der Stunden

Die Himmelskräfte
helfen uns
der Erdenwelt genügen

Seeleneinklang
ist der Götter
schönste Gabe

an die
Menschenbruderschaft
in ihrem Tal

Es hüpft das Herz
wo soviel Freudenblümchen
ihren Duft verströmen

In Liebe bereitet
und gerne
gesehn

ist ihr
farbengesegnetes
Leuchten

Geduld und Herzensfreude
mögen dich
durch`s Tagewerk begleiten

Des Lächelns
Wohllaut
tröste dich

in
freundlichem
Vergeben

Voll Staunen
über`s
Sonnengluten

Leis versponnene
Zärtlichkeit im
Augenglänzen

Herzweh
in der
Liebessehnsucht

Aus Liebe und Vertrauen
schöpft die Seele
ihr Gedeihen

Wir schreiten weiter
durch den Glanz
der Freudentage

der
Götterherrlichkeit
entgegen

In langen Schritten
schreiten wir
den Himmelsmächten zu

Für
Unendliches sind
wir geboren

Vollendung findend
makellos
im Sein

Göttergaben
fliessen uns
ins Herz

von
hellen Himmeln
die uns

liebevoll
umgleiten

Mach dir ein Fest
aus Fröhlichkeit
und Staunen

Reich sind wir
im Reichtum
unseres Vermögens

Weltgefühl
und zarte Liebe
zu vereinen

12

Reinen Glücks Befinden

Mit grossen Frageaugen
stehn die Kinder vor
den Weltendingen

So steht deine Seele
vor der Unermesslichkeit
des Ewigen

und weiss es
kaum
zu fassen

Am Tag der grossen Weihe
halt ich dich in
Bruderschaft umfangen

verstrahlend
meines Glücks Befinden
auch zu dir

Holdseligkeit
zu
feiern

Stell dich den Tagen
mit dem Mut der Heldin
auf dem Weg zur Freiheit

Einmal wird auch
deine Seele die
Benedeiung reinen Glücks erfahren

Öffne dich dem
Himmelslicht in
Beherrschung und Dankbarkeit

Sei rein
in Gedanken, Worten
und Taten

Was du jetzt vollbringst
wird
deine Zukunft sein

Aus jedem Atemzug
sollst du
vollendeter hervorgehn

Lächeln,
selbstlos
gut sein

Wir tragen uns
hinan in
Geistessphären

Edelmut
und Treue
im Weinen

Der Gang
zur Krippe
fördert unser Wohl

Wir legen bei Ihm
guten Willen
nieder

tief beglückt
im
Seelenfrieden

Geheimnis
der Begegnung
urfern, zeitennah

Lächeln
im Unglück
glaubensfroh

im
unentwegten
Schreiten

Ins Wesen der Geborgenheit
gebettet, schreibt
die Freude sich ins Herz

Lebensheiterkeit
in
sonnestrahlenden Tagen

Sehnsucht
und Glück
im Erlangen

Bist du fähig
dich der Wahrheit
zu fügen

Wandelst du
im Schnee mit
heissen Füssen

vor Liebe
zum
Gerechtsein

Ich weiss ein Lied
die Liebe hat`s
gesungen

und sing ich es
so wird das
Leben wunderschön

im
lächelnden
Gewähren

Die Zärtlichkeit
der Flocken
decke dich zu

dass sie vom
pochenden Herzruf
zerschmelzen

von
Sehnsucht zu
Sehnsucht

Das Laternchen schwankt
auf hohem Stab
in unseren Nächten

Siehst du
dort das
Morgenrot

des
Strahlensonnenlichts
Verheissung

Rosenminne
flämmchenleicht
gezogen

Miniatur
voll
Märchenzartheit

aus bewegtem
Herzensgrund
erblüht

ABC
der schönen Hoffnung
im Verweilen

des Lebens Einerlei
rosinchenträchtig
zu versüssen

Das Glückslaternchen
schwankt im
Windgeplänkel

Freudenleben im
strahlenden Tag
vor dem Sonnenglänzen

Grandezza
der Szene
dem Auge geweiht

und der
staunend
geöffneten Seele

In luftigen Höhen
hütet das Herz das
Geheimnis der Seligkeit

Alles ist rein und
wahr was die Augen
des Schauens erreichen

Sei, in der Stille der Zeit
deines Seins gewiss
im Vertrauen

Von hier nach hinnen
kein Schritt, aber eine
Gebärde des Seins

Wir wachsen in die
Ewigkeit hinein mit jeder
hingegebnen Gabe

Gottgefälligkeit im
Menschentum erfüllt
den grandiosen Plan

Suche nach dem Glück
auf
tausend Pfaden

Lebensinbrunst
pausenlos
vertan

das
Liebeslicht
zu finden

Prüfe dich
auf Konsequenz
in deinem Wirken

Stärke deiner
grossen Frische
Meisterschaft

Vollendung
zu
bezeugen

Soviele Blümlein fühlen sich
gekränkt vom harten
Schnitt des Unholds

Lieblos,
braucht er
Liebe

Seine Ärmlichkeit
soll ihm der Reichtum
deines Lächeln offenbaren

Nur die Liebe
kann dich
heilen

Nur die Liebe
macht dich
schön

im Hauch
der strömenden
Unendlichkeiten

Kein Blumengarten kann
sich messen mit der Schönheit
eines reinen Herzens

Keine Leier
klingt wie eine gläubige Seele
schön

im Übermass
von
ihren Seligkeiten

Aufschwung zum
Freudenlicht im
Osterreich beglückter Seelen

Sinnkreis der Liebe
für die Reinen
ausersehn

im
wahren
Vorwärtsschreiten

Welche Träume
sind die echtesten?
Die nicht erfüllbar scheinen

Was können wir uns
zum Bewusstsein bringen?
Alles

Also sind doch
alle Träume
wahr

Schöner Tag
im
Frühlingsschwelgen

See und Sonne
Blütenreinheit
wie gemalt

vor unser
seliges
Bewundern

Dem Osterlamm gemäss
gehen wir in Demut
unsern Heilspfad

Ohne Zweifeln,
ohne Zagen tun wir
was uns frommt

in
hochbrisanten
Zeiten

Gruss
im
Osterfreudental

von
Herzensgüte und
Beschauen

vom
zartbesaiteten
Gedankenspiel

Jede Seele
ist in die Grazie
des Himmels gelegt

sie
erhebt sich
aus der Erdenschwere

und
atmet
unsterbliches Wohl

Stilles Wachsen
in den
Seelengründen

Purpurfarbne
Liebe zu den
Lebenskräften

die in allem
die Vollendung
sehn

Über allem steht
der Himmelsbogen
und das liebevolle Sonnenscheinen

Sie trocknet alle Tränen
und liest das Leid von
den Wangen der Bedrängten

Allen ist sie gnädig
und führt sie leuchtend
durch den Freudentag

So lieb und so perfekt
sind alle Dinge
deines Wirkens

Voll Dankbarkeit
vermerk ich dies
in Herzensgründen

und voll Freude
für die Freundschaft
unsrer Wahl

Eine Lampe
für das Herz
im Wolkentag

Auserlesne
Süsse
der Gedanken

vor dem
wonnevollen
Lebensspiel

Freiheit
ergibt sich aus
Güte und Heiterkeit

Wie lächelst du
wenn die
Windröslein blühn

Süsse des Lebens
wo die Wellen
dahinspazieren

Ein liebes Lächeln
wendet sich dir zu
im Ungewissen

Geschmückt der Tag
im Reichtum des
beglückenden Betragens

Unser Hoffen
zieht in Höhenkreisen
ins Elysium

Ein toller Tag
mit
Pauken und Trompeten

Der Sonnenwagen
rasselt durch den
Himmelssaal

So mächtig
dass darob das
Firmament errötet

Verbrenne deine Tränen
in Herzensunschuld
und Gewissenhaftigkeit

Richte deinen Sinn
auf die grossen
Dinge des Lebens

und spür die Engelsflügel
liebend
dich berühren

Wie wandelbar der Sinn
so unverbrüchlich ist die
Treue der Engel zu den Menschen

Erheb dein Haupt
zur Vielzahl
ihrer Schwingen

und sei heil
in ihres Fluidums
Geflüster

Darüber schlafen und
mit dem Äuglein-Reiben
ist es weg

Gespenster
lassen sich
gezielt vertreiben

Mit dem Leben
liebevoll
und schön
..

Ein Wintertag
ein Schimmer Sonnenschein
im Werden

Ein
Gruss
zur Güte

vor
dem Sprung
zum Städtchen

Welche Mächte
spannen wir uns vor
in unserem Wirken?

Was tut den Menschen
wahrhaft wohl
in ihrem Werden?

Wir wissen es und
tun`s in
wohlgemessnem Schreiten

Das Heinzelfräulein
schafft und schafft
so lieb und still

Wie
unter
Adlerschwingen

soll es
sich
geborgen fühlen

Nicht Spielball
Spielerin
zu sein

ist der Anruf
der
himmlischen Mächte

an
dein
Herz

Im Sein verbunden, in der
Lebenswirklichkeit in Myriaden Splitter
abgetrennt, die Menschen

Lösung gibt nur Gotterkennen
stetes Seelenwachsen
hin zum Licht

der Einheit
des Vertrauens, der
bedingungslosen Seligkeit

Licht
in deinen Tagen
wünsch ich dir

Gedanken voll Kraft
die Spur des
Verzeihens

und die Gnade
dessen der
dich liebt

Ruhe
im
Bewegen

Freude
im
Tun

Gelassenheit
im
Überlegen

Ludwig Weibel, geboren 1933
Lebt in CH-9200 Gossau/St.Gallen
Studienabschluss als Fernmeldetechniker
Schriftstellerische Berufung zur
"Philosophie des Seins" für vife Geister.
Erstellt elegante Graphiken mit einem
Pendel-Apparat. (Siehe Buchumschlag)
Homepage: www.das-sein.ch
E-mail: ludwig.weibel@hispeed.ch